# TRIBUNAL

# OPINION

## DE

## LAHARY (de la Gironde),

*Sur le projet de loi relatif à la publication,
aux effets et à l'application des lois en
général.*

### Séance du 21 frimaire an 10.

---

## CITOYENS TRIBUNS,

APRÈS avoir sauvé la France de tous les périls qui
menaçoient sa liberté et son indépendance; après
avoir, par d'innombrables prodiges et d'éclatantes

victoires, forcé tous ses ennemis à accepter la paix et à traiter avec elle; il étoit digne du Gouvernement de mettre le sceau à ses triomphes et à ses bienfaits, en lui donnant ce nouveau code civil si long-temps attendu et si ardemment desiré.

Plus l'entreprise offroit d'obstacles et de difficultés, plus elle doit paroître grande et généreuse cette idée conçue par le Gouvernement dès sa naissance, profondément múrie au milieu même des soins et des travaux de la guerre, et réalisée, en partie, au même instant où la paix générale est venue couronner tous ses efforts.

Qui donc pourroit ne pas rendre hommage à la paternelle sollicitude de ce Gouvernement ? qui pourroit sur-tout ne pas voir, dans cet acte signalé de sa prévoyance et de sa sagesse, le gage des sentimens qui l'animent, et la garantie qu'il s'empresse de donner à tous les peuples contre l'ascendant de la prépondérance qu'il a si justement acquise ? En effet, ( comme l'a observé l'orateur du Conseil d'Etat dans son discours d'exposition du plan de ce Code ), « La prospérité qui naît de la conduite sage d'un » Gouvernement, rappelle aussi ses vertus, et l'on y » voit *une sauvegarde contre l'abus qu'il pourroit faire de* » *l'accroissement de ses forces.* »

Au reste, je ne me permettrai de prononcer ni sur le plan, ni sur l'ensemble, ni sur les détails du projet de ce code, qui nous fut distribué, en ventose dernier, pour que nous en fissions l'objet de nos méditations et de nos recherches. Je n'examineraï pas non plus si ( contraints de choisir, dans le chaos de toutes les législations, et au milieu des ruines et des décombres de la nôtre, les seuls élémens qui peuvent en

composer une digne de *la grande nation* ) , les rédac-
teurs ont écarté ce qui étoit absolument étranger,
et recueilli ce qui pouvoit s'adapter le mieux à son
caractère, à ses mœurs, à ses habitudes, à ses ins-
titutions et à sa nouvelle existence politique. Outre
que ce seroit trop présumer de mes forces que d'en-
treprendre d'apprécier, sous tous ces rapports, le mérite d'un aussi important ouvrage ; outre que nous ne
sommes même pas appelés à le discuter dans son ensemble, mais dans ses parties détachées à mesure qu'on
nous les présentera, je dois me borner, quant à pré-
sent, à la seule tâche qui m'est imposée.

Je crois néanmoins devoir énoncer ici l'opinion que
j'en ai conçue, d'après la lecture réfléchie que j'en ai
faite et d'ap ès les changemens ou modifications qu'il
a éprouvées et qu'il peut éprouver encore. C'est que,
si ce projet de code ( qui aura été formé par la réu-
nion de tous les talens, par le concours de toutes les
lumières, et qui aura encore subi au Conseil d'Etat
toutes les épreuves d'une profonde et solemnelle discussion, ) n'atteint pas tout le degré de perfection dont
il est susceptible, il laissera infailliblement très-peu
de chose à desirer, et que nous aurons sans doute
bien plus souvent à voter l'adoption qu'à proposer le
rejet de ses diverses dispositions.

C'est d'après cette idée, et ne perdant jamais de vue
ni le doute méthodique ni la sage défiance qui doivent présider à la recherche de la vérité, que je vais
me livrer à l'examen du projet de loi soumis en ce
moment à notre discussion.

Ce projet, relatif à la publication, aux effets et à
l'application des lois en général, est composé de huit
articles, qui tous embrassent les principaux rapports

sous lesquels les lois doivent êtres considérées. La commission à laquelle vous en avez renvoyé l'examen, et qui d'abord avoit cru y apercevoir quelques motifs d'adoption, n'y a trouvé depuis que des motifs de rejet ; aussi le rapporteur a-t-il attaqué tout à la fois et le fond du projet et les divers articles qui le composent. Il n'en est pas un seul qui ait pu trouver grace devant son inflexible sévérité. Il est même telle disposition qui, quoique foncièrement bonne, n'a précisément été censurée que parce qu'elle faisoit partie du projet de loi, et qu'elle eût été mieux placée ailleurs. Tout, en un mot, a été l'objet de sa critique ; critique, à la vérité, très-franche, très-ingénieuse, très-mesurée, mais aussi subtile, je crois, que peu fondée en raison.

« Ce projet, dit le rapporteur, est déplacé à la » tête du code civil.

» La plupart des articles qui le composent ne sont » pas des articles de loi ; ce sont des principes énon- » cés ; ce sont des axiomes de morale et de jurispru- » dence.

» Ils ne sont point ordonnés entre eux ; ils ne sont » rapprochés que par la juxta-position, et l'on pourroit » même les transposer, dans la série qu'on leur a » donnée, sans qu'ils y parussent plus ou moins inco- » hérens, plus ou moins liés l'un à l'autre.

« Le premier de ces articles, relatif à la publication » des lois, ne remplit pas son objet, puisqu'il n'éta- » blit aucun mode de publication ; qu'il seroit trop » compliqué et souvent impraticable ; qu'il obligeroit, » dans certains cas, les magistrats et les citoyens à » l'exécution de lois qui leur seroient inconnues ; qu'il » prêteroit à des variations continuelles, soit dans

» la date de la promulgation, soit dáns la fixation » des distances ; qu'enfin, au lieu de cet article insuf- » fisant, une loi unique, mais complète ; seroit né- » cessaire pour régler le mode de publication des » lois.

» Quant aux sept autres articles, les uns doivent » être renvoyés à d'autres projets ; les autres ne sont » que des préceptes, des principes de droit, et non » des dispositions législatives, et plusieurs offrent des » vices essentiels de rédaction.

» Enfin, ce projet n'est pas digne de servir d'intro- » duction au code français. »

Les orateurs qui ont parlé dans le même sens, en renouvelant les mêmes objections contre l'ensemble et les détails du projet, lui ont adressé de plus sérieux et de plus graves reproches.

L'un d'eux, en soutenant, comme le rapporteur, qu'il n'y a, dans ses diverses dispositions, ni ordre, ni méthode, ni classification, et qu'elles sont toutes, ou déplacées ou étrangères à leur objet, a prétendu encore que l'une d'elles est en contradiction directe avec les premières notions de la justice et de la morale, en ce qu'elle *déclare certains actes frauduleux*, *et n'admet pas la preuve qu'ils ont été faits sans fraude*, quoiqu'il soit pourtant vrai qu'une preuve doit toujours l'emporter sur des présomptions ; que l'article 6 attribue à tous les juges un véritable pouvoir arbitraire dont ils pourroient abuser, soit en matière civile, soit en matière criminelle, puisqu'il leur est ordonné de juger, dans le silence de la loi, suivant les seules règles de l'équité, sous peine d'être poursuivis comme coupables d'un déni de justice ; qu'enfin tous les articles de ce projet, contenant des disposições constitutionnelles ou réglementaires de la Constitution, il n'est pas au pouvoir du Corps législatif de les adopter. »

Un autre orateur a attaqué le projet dans deux de ses dispositions. Il a prétendu « que le premier article contenoit une *hérésie politique* et une *atteinte directe à la Constitution*, en ce qu'il y est dit : Que les lois sont exécutoires *en vertu* de la promulgation ; tandis qu'elles ne peuvent *l'être que d'après* cette promulgation. Il a prétendu ensuite que prescrire aux juges de juger, quand la loi est muette ou insuffisante, c'étoit les autoriser non à appliquer, mais à faire la loi, en y substituant leur volonté arbitraire. Il a terminé en soutenant que le projet ne pourroit être adopté, *sans compromettre notre liberté et notre indépendance.* »

Enfin, un troisième orateur a fortement combattu les dispositions contenues dans le premier et deuxième articles. Il a soutenu « que le Gouvernement n'avoit pas le droit de tracer seul la formule de promulgation des lois, mais seulement celle de ses arrêtés, comme le Tribunat et le Corps législatif peuvent aussi seuls régler celle de leurs délibérations ; que la première de ces formules, qui doit être commune aux trois branches de la puissance législative, ne pouvoit être déterminée que par une loi, et qu'elle devoit retracer celles qu'ont déjà adoptées le Corps législatif et le Tribunat ; qu'au reste, cela s'est pratiqué dans les cinq premières lois, à compter du 19 jusqu'au 26 nivose an 8, mais que postérieurement ce mode a été changé par le Gouvernement sans le concours des autres autorités, qui auroient dû participer à ce changement ; qu'il est convenable aujourd'hui de rétablir légalement ce mode conservateur de l'indépendance des pouvoirs, et qui doit servir de garantie contre l'abus qui pourroit résulter d'une marche contraire ; qu'en un mot *il faut faire une loi sur la promulgation des lois, et que le projet ne consacrant aucune formule de promulgation, il doit par cela seul être rejeté.* Passant ensuite à la disposition relative à la rétroactivité, il a manifesté les plus vives alarmes contre l'abus qu'on pourroit faire du principe quelle consacroit.

Tel est, en raccourci, le tableau des imperfections, des défauts, des vices, des inconstitutionnalités, je dirai presque des attentats qu'on reproche au projet que nous discutons.

Ici, mes collègues, je ne puis me défendre d'une douloureuse réflexion.

Qui auroit prévu qu'un projet de loi destiné *à servir de portique au majestueux édifice* qui s'élève sur les ruines de notre ancienne législation, auroit la fatalité de rencontrer d'aussi insurmontables obstacles, d'éprouver d'aussi fortes contradictions, de n'être même pas jugé *digne d'y figurer,* et d'en être écarté comme *un intrus* par les *sentinelles avancées* qui doivent en protéger ou en défendre les approches, en diriger ou en surveiller la distribution ? Qui auroit pensé que ces prémices d'une production qui a coûté et qui coûtera encore tant de méditations, de veilles, de travaux, de soins et de sollicitudes, pourroient être envisagées, dans le sein du Tribunat, comme l'ouvrage de la négligence ou de la méprise, de l'imprévoyance ou de l'erreur ?...

A Dieu ne plaise que j'entende inculper ici, ni le rapporteur de votre commission, dont la censure a été si décente et si mesurée, ni les autres adversaires du projet, qui ont été emportés par un zèle outré peut-être, mais qui, par cela même, ne peut qu'honorer leurs sentimens. Je rends au contraire un sincère hommage à leurs talens, à leurs vertus, à leurs louables intentions; et s'il étoit vrai qu'ils eussent dépassé les bornes d'une sage et judicieuse critique, je les plaindrois de s'être égarés, mais je n'en respecterois pas moins la source d'où proviendroient leurs écarts.

Je ne me propose point de suivre pas à pas ces divers orateurs, ni de réfuter toutes leurs objections; je n'en ai ni le temps ni la faculté. Je supprimerai même toute la partie de mon opinion où j'avois tâché de justifier chacun des articles du projet, et cela non seulement pour ne pas abuser de vos précieux momens, mais encore parce que les orateurs qui m'ont précédé à cette tribune ont rempli cette tâche beaucoup mieux que je ne pourrois le faire. Je vais donc exclusivement m'attacher à défendre l'article premier, relatif au mode de promulgation, comme formant l'objet le plus important du projet de loi, et celui que l'on a attaqué avec le plus de force. Je terminerai par quelques réflexions générales.

*Discussion sur le premier article du projet de loi.*

Et d'abord pour bien apprécier le nouveau mode de promulgation que consacre ce premier article, on doit bien se garder de remonter aux temps antérieurs. Il faut au contraire se fixer invariablement sur les circonstances actuelles, sur les changemens qu'elles nécessitent, et sur ce que prescrit la loi fondamentale de toutes les autres.

Voyons donc quel est à cet égard le vœu de la constitution : mais, avant tout, convenons une bonne fois que si l'on doit bannir de notre Code civil toute espèce de définition, il doit du moins m'être permis a en faire usage dans la discussion à laquelle je vais me livrer ; car, en bonne logique, il est impossible de raisonner conséquemment, si l'on ne commence par définir les termes et par bien fixer les idées.

L'article 4⁷ de la constitution porte : « que le premier " Consul promulgue les lois. » Or, qu'est-ce que promulguer les lois, dans l'ordre de choses actuel, si ce n'est leur imprimer le sceau de la publicité pour qu'elles soient notoires, et que personne ( qu'on me passe l'expression ) *n'en puisse prétendre cause d'ignorance ?* Donc, d'après le vœu de l'acte constitutionnel, la publication de la loi ne doit s'opérer qu'au moyen de la promulgation qui en est faite par le premier Consul.

En effet, s'il étoit vrai·que la promulgation et la publication des lois ne fussent pas une seule et même chose, et si, comme on l'a prétendu, l'une n'étoit que la conséquence de l'autre, certes le pacte social n'eût pas manqué de s'en expliquer. Il n'eût pas manqué de dire que la promulgation devoit être suivie de la publication, ou que du moins elle ne seroit, sans cette dernière, qu'une formalité nécessaire pour rendre la loi obligatoire, mais insuffisante pour lui donner le caractère de publicité et pour en commander l'exécution ; car sans doute le pacte social a voulu et dû vouloir que les lois fussent publiées, puisque la publication est indispensablement nécessaire pour les rendre exécutoires.

Mais s'il a voulu et dû vouloir que les lois fussent publiées, et si pourtant elle n'a exigé que la promulgation faite par le premier Consul, il a donc nécessairement entendu que cette promulgation seroit la publication elle-même.

Supposeroit-on malgré tout, que ce sont deux choses très-différentes ? Alors, non seulement la constitution l'eût dit, mais je soutiens qu'elle eût dû le dire, pour empêcher qu'on ne les confondît et pour ôter ainsi tout prétexte de dissentiment sur un objet aussi important.

Cependant elle ne fait aucune mention de ce genre de publication que quelques orateurs prétendent différer essentiellement de la promulgation. Le mot *publication* ne se trouve même pas dans l'article qui attribue au premier Consul le droit exclusif de *promulguer les lois*. Le silence qu'elle garde à cet égard, est donc la preuve la plus parlante, que la promulgation et la publication sont deux choses identiques et absolument les mêmes; ce qui est d'autant plus vrai, que, dans la supposition contraire, la promulgation n'opéreroit rien par elle-même, et blesseroit ainsi l'indépendance de celui de qui seul elle doit émaner.

Mais si ce droit réside éminemment dans la personne du premier magistrat de la République; s'il lui est exclusivement attribué par la constitution, comment pourroit-il en partager l'exercice avec qui que ce fût? Comment lui seroit-il permis même d'y associer les autorités administratives et judiciaires?

Et cependant ce seroit là le résultat nécessaire du droit de publication que les adversaires du projet veulent accorder à ces autorités; apparemment pour suppléer à la prétendue insuffisance de la promulgation, peut-être même pour y apposer le sceau de la légitimité.

Et en vain diroient-ils, pour éluder cette conséquence, que la publication n'est pas la promulgation, mais uniquement l'acte extérieur qui la rend publique et notoire.

La difficulté resteroit toujours la même.

D'abord il n'en seroit pas moins constant ( dans le

système que je combats ) qu'elles seroient toutes deux tellement liées, tellement cohérentes, tellement, inséparables, que l'une ne pourroit exister, ni rien opérer sans l'autre, et que par conséquent les autorités à qui l'on auroitconféré ce droit de publication, ne pourroient l'exercer en aucune manière, sans nécessairement participer à l'acte de promulgation, qui pourtant doit leur être absolument étranger.

Ensuite, qu'entend-on par l'acte extérieur de publication qui doit rendre la promulgation publique et notoire ? Quoi ! la promulgation, uniquement destinée à donner à la loi le caractère de publicité, auroit besoin elle-même d'être publiée ! Elle n'a été imaginée que pour constater ou garantir l'existence de la loi et pour la faire connoître ; et elle devroit emprunter un secours étranger pour se faire *cautionner* elle-même et pour se faire connoître à son tour ! Quoi ! l'on voudroit que ces autorités secondaires publiassent de nouveau ce que le chef du Pouvoir exécutif a déjà rendu public, et promulgassent en quelque sorte la promulgation elle-même !.....

Mais voyez donc, citoyens collègues, à quel excès de ridicule et à quelles absurdes conséquences nous entraîneroit un pareil système !

Il me paroît donc évident, d'après l'esprit et le texte littéral de la charte constitutionnelle, que la promulgation n'est et ne peut être autre chose, dans la nouvelle hiérarchie, que la publication elle-même, ou que du moins celle-ci est pleinement suppléée par celle-là. Ce qui est d'autant plus incontestable que, s'il en étoit autrement, il s'y trouveroit une lacune sur l'objet le plus important de la législation, et qu'une telle imprévoyance ne peut pas se supposer dans une constitution où brillent à la fois la plus grande sagesse et les plus belles conceptions.

Mais quand on supposeroit que le pacte social (en se bornant à déclarer que le premier Consul promulgue les lois) n'a pas entendu le dispenser de remplir une formalité, sans laquelle la promulgation seroit vaine ou illusoire, toujours seroit-il certain qu'elle auroit du moins réservé au Pouvoir législatif la faculté de tracer le mode de publication; qu'ainsi la loi pourroit incontestablement décréter que la publicité qui résulte de la promulgation, équivaut à celle que produiroit tout autre mode, et que celui-là seroit préférable qui réuniroit tous les avantages et obvieroit à tous les inconvéniens.

Or, citoyens Tribuns, c'est précisément ce qui vous est proposé par le paragraphe premier du premier article du projet, qui porte : « Que les lois sont exécutoires dans tout le territoire français, *en vertu* (1) de » la promulgation qui en est faite par le premier Consul. »

Ainsi donc, à moins qu'on ne veuille substituer un mode arbitraire à celui que la constitution a textuellement indiqué, on ne peut disconvenir que la loi devienne publique et obligatoire aussitôt qu'elle est promulguée.

A la vérité, il est indispensable d'accorder, à dater

______

(1) Un des précopinans s'est beaucoup récrié sur l'emploi de ce mot. La loi, a-t-il dit, n'est pas exécutoire *en vertu de sa promulgation*, mais eu vertu de ce qu'elle est loi. Mais c'est une erreur. La loi est sans doute complète avant sa promulgation; mais elle ne peut être exécutée qu'au moyen de cette promulgation. Ce n'est donc pas *en vertu de ce qu'elle est loi*, mais *en vertu de ce qu'elle est loi promulguée*, qu'elle devient exécutoire. Ainsi cette objection, qu'on a présentée comme si grave, se résout par cette simple observation.

de l'époque de cette promulgation, un délai suffisant pour que la loi puisse être connue sur les divers points de la République, au moment où elle doit y être exécutée, et c'est à quoi le même article a sagement pourvu.

Mais il n'en est pas moins incontestable que, ce délai expiré, la publication doit être réputée aussi entière, aussi complète, aussi notoire pour toutes les parties du territoire, qu'elle l'est pour le chef-lieu où siége le Gouvernement.

Et quand je parle du délai qui doit suivre la promulgation, remarquez bien, citoyens Tribuns, que je ne dis pas qu'il est indispensablement nécessaire pour que la loi *soit connue*, mais seulement pour *qu'elle puisse l'être*, de manière que chaque citoyen ait à s'imputer de l'avoir ignorée, pouvant facilement se certiorer de son existence et s'assurer de ses dispositions.

Or, je soutiens qu'une telle promulgation, outre qu'elle est dans le vœu de la constitution, donne à la loi tous les caractères de publicité dont elle est susceptible, et qu'ainsi elle produit tout l'effet qu'elle peut et doit produire. D'où il suit que l'envoi de la loi aux autorités judiciaires et administratives, la réimpression, la transcription et l'affiche seroient moins le complément de sa publication qu'une véritable superfétation, qui seroit plus dangereuse qu'utile.

Je dis que ce seroit-là une véritable superfétation : et en effet ( comme l'a dit le citoyen *Tronchet*, dans la discussion qui a eu lieu au Conseil d'Etat, ) » il faut » distinguer ici le fait de la théorie : la théorie est » que les lois ne sont obligatoires que lorsqu'elles sont » connues ; mais, dans le fait, on ne peut trouver de » forme pour donner connoissance de la loi à chaque » citoyen individuellement. »

Cette autorité que me fournit *le premier* de nos Jurisconsultes (1), je ne l'invoque pas précisément comme
règle infaillible de décision. Mais j'observe que le
principe qu'il énonce doit être bien certain et bien
incontestable, puisque aucun des Conseillers d'Etat,
appelés comme lui à le discuter, n'a entrepris de le
désavouer ni de le contredire, et que le Gouvernement, en l'adoptant, en a fait une des bases sur
lesquelles repose l'article du projet relatif à la publication.

Il faut donc convenir, ( et en vain voudroit-on le
nier, puisqu'on seroit démenti par l'évidence même )
il faut donc convenir, ainsi qu'on l'a soutenu dans
l'exposé des motifs, qu'en pareille matière on doit se
contenter, à défaut de certitude, *de la présomption mo-*
*rale que chaque citoyen a pu connoître la loi ,* lorsqu'il s'est
écoulé un intervalle suffisant entre le moment où elle a
été promulguée et celui où a dû commencer son exécution ; et c'est aussi par une suite de ce principe,
que le troisième paragraphe de l'article premier du projet
*fixe le temps progressif dans lequel la connoissance de la*
*loi peut successivement parvenir aux citoyens des départe-*
*mens.*

« La promulgation, est-il dit, faite par le premier
» Consul sera réputée connue dans tout le ressort du
» Tribunal d'appel de Paris , *trente-six heures après sa*
» *date,* et dans tout le ressort de chacun des autres
» Tribunaux d'appel, *après l'expiration du même délai,*
» augmenté *d'autant de fois deux heures qu'il y a de my-*
» *riamètres entre Paris et la ville où chacun des Tribu-*
» *naux a son siége.* »

_______________________________________

(1) Le premier Consul, en présentant le citoyen *Tronchet* pour
candidat à une place vacante au Sénat conservateur, l'a qualifié
*premier Jurisconsulte de France.*

Ce délai, et la manière dont il est calculé et réglé, a essuyé bien des critiques ; mais comme elles ont été amplement réfutées par chacun des orateurs qui ont parlé en faveur du projet, je crois ne devoir y répondre que très-brièvement, pour ne point lasser la patience du Tribunat par d'inutiles répétitions.

Je me bornerai donc à observer que c'est à tort qu'on s'est plaint de ce que l'article premier ne fixoit pas *le moment indivisible où une loi pourra être connue* ; car si on le rapproche de l'article 37 de la constitution (*qui veut que la loi soit promulguée le dixième jour après son émission*) et de la délibération du Conseil d'Etat du 5 pluviose an 8, sur la date des lois ( *qui décide que la loi doit dater du jour de son émission par le Corps législatif*), on se convaincra que cet article détermine, au contraire, ce moment, et le précise de la manière la plus fixe et la plus invariable.

J'observerai, en second lieu, que cette fixation d'un délai calculé en raison des distances, me paroît infiniment plus avantageuse et plus conforme à la dignité de la loi ( dont l'exécution doit être prompte et rapide), que celle d'un délai uniforme, dont la détermination ou la fixité dépendroit du caprice ou de la négligence des administrateurs et des juges.

J'observerai, en troisième lieu, que si le mode adopté peut, comme tout autre, entraîner quelques inconvéniens, la sagesse du Gouvernement saura les prévenir ou y remédier.

Au reste, ce seroit bien en vain que, pour donner à la loi une plus grande publicité, on joindroit à la promulgation faite au chef-lieu où siége le Gouvernement, la publication dans les chefs-lieux de département et même d'arrondissement communal, puisque la connoissance n'en deviendroit pas, pour cela,

Ce délai, et la manière dont il est calculé et réglé, a essuyé bien des critiques ; mais comme elles ont été amplement réfutées par chacun des orateurs qui ont parlé en faveur du projet, je crois ne devoir y répondre que très-brièvement, pour ne point lasser la patience du Tribunat par d'inutiles repétitions.

Je me bornerai donc à observer que c'est à tort qu'on s'est plaint de ce que l'article premier ne fixoit pas *le moment indivisible où une loi pourra être connue ;* car si on le rapproche de l'article 37 de la constitution (*qui veut que la loi soit promulguée le dixième jour après son émission*) et de la délibération du Conseil d'Etat du 5 pluviose an 8, sur la date des lois ( *qui décide que la loi doit dater du jour de son émission par le Corps législatif*), on se convaincra que cet article détermine, au contraire, ce moment, et le précise de la manière la plus fixe et la plus invariable.

J'observerai, en second lieu, que cette fixation d'un délai calculé en raison des distances, me paroît infiniment plus avantageuse et plus conforme à la dignité de la loi ( dont l'exécution doit être prompte et rapide), que celle d'un délai uniforme, dont la détermination ou la fixité dépendroit du caprice ou de la négligence des administrateurs et des juges.

J'observerai, en troisième lieu, que si le mode adopté peut, comme tout autre, entraîner quelques inconvéniens, la sagesse du Gouvernement saura les prévenir ou y remédier.

Au reste, ce seroit bien en vain que, pour donner à la loi une plus grande publicité, on joindroit à la promulgation faite au chef-lieu où siége le Gouvernement, la publication dans les chefs-lieux de département et même d'arrondissement communal, puisque la connoissance n'en deviendroit pas, pour cela, n'ai pas besoin de vous les indiquer ; vous devez tous les prévoir, comme vous devez tout faire pour les prévenir.

J'ai déjà dit que l'étrange erreur dans laquelle sont tombés tous les adversaires du projet, provient de ce qu'ils confondent deux ordres de choses absolument différens, et diamétralement contraires, de ce qu'ils appliquent à l'un ce qui n'est propre qu'à l'autre ; enfin de ce qu'ils raisonnent, comme ils pourroient et devroient même raisonner, si nous étions encore ce que très-heureusement nous avons cessé d'être ; et il ne faut, pour se convaincre de cette vérité, que rapprocher ce qui se pratiquoit alors de ce qui se pratique aujourd'hui.

En effet, dans ce régime qui n'est plus, la simple émission de la loi ne suffisoit pas sans doute pour qu'elle devînt publique et obligatoire ; il falloit encore que ces grandes corporations placées entre le monarque et le peuple pour défendre les droits de celui-ci, et modérer le pouvoir de celui-là ; il falloit, dis-je, que les cours souveraines, qui avoient une espèce de *veto suspensif*, la sanctionnassent, pour ainsi dire, par leur assentiment. Voilà pourquoi elle leur étoit adressée pour l'enregistrer et la publier ; et non seulement la loi n'étoit ni censée publiée, ni réputée connue, ni rendue obligatoire, mais elle n'avoit même, à proprement parler, la force ou l'autorité d'une loi, qu'autant qu'elle étoit revêtue de la formalité de l'enregistrement et de la publication.

Et cela est si vrai que quand elles s'obstinoient à ne pas la remplir, le monarque faisoit déployer contre elles l'appareil de la force pour les y contraindre. Preuve évidente que l'enregistrement et la publication étoient alors la seule et véritable promul-

*Opinion de Lahari.*  B

gation ; que la loi ne pouvoit être exécutée sans elle, et qu'ainsi il dépendoit, jusqu'à un certain point, de ces cours souveraines de suspendre les effets de la loi, et d'en paralyser momentanément l'exécution.

Voilà ce qui se pratiquoit dans l'ancien régime (1).

Mais il en est tout autrement dans le régime actuel: l'émission de la loi est pleine et entière; elle a tous les caractères essentiels qui la constituent, lorsqu'elle a été proposée par le Gouvernement, discutée par le Tribunat, et adoptée par le Corps législatif.

Je dis plus : aussitôt que ces trois autorités ont concouru à sa formation, chacune en ce qui la concerne, elle se marque à l'instant du sceau de la volonté na-

_______________

(1) Si le temps ne m'eût pas forcé de resserrer mes idées et de restreindre ma discussion, j'aurois pu prendre, dans des temps plus rapprochés de nous, de nouveaux exemples de cette différence qui doit exister entre le mode de promulgation d'alors et celui qu'il convient d'adopter aujourd'hui. Mais je suppléerai à la nouvelle démonstration que je ne peux présenter ici, en rappelant les termes mêmes de la délibération du Conseil d'Etat, du 5 pluviose an 8, insérée dans le n°. 6 du bulletin des lois.

« Le Gouvernement a une part à la législation, mais seulement
» par la proposition de la loi ; et quand il la promulgue, ce n'est plus
» comme partie intégrante du pouvoir législatif, mais seulement comme
» pouvoir distinct et séparé, comme pouvoir exécutif : et il faut
» *bien se garder de confondre cette promulgation avec la sanction que*
» *le roi constitutionnel avoit en 1791, ou avec l'acceptation que le*
» *Conseil des Anciens avoit par la constitution de l'an 3. Cette sanc-*
» *tion et cette acceptation étoient parties nécessaires de la formation de*
» *la loi, et ne ressembloient en rien à sa promulgation : aussi la loi*
» *datoit-elle, en 1791, du jour de la sanction, et, sous la constitution*
» *de l'an 3, du jour de l'acceptation par les Anciens, et non du jour*
» *de sa promulgation, soit par le roi constitutionnel, soit par le*
» *Directoire exécutif.*

» Ainsi, sous la constitution actuelle, elle doit dater *du jour de*
» *son émission par le Corps législatif*, dernière condition essentielle
» à sa formation. »

tionale, indépendamment même de la promulgation qui doit en être faite, et qui n'est nécessaire que pour rendre cette volonté manifeste et notoire, afin qu'elle puisse exercer tout son empire.

Et la preuve de ce que je dis ici, je la trouve dans la délibération du Conseil d'Etat déja rappelée, et qui porte ces mots : « La promulgation est nécessaire, sans » doute, mais seulement pour faire connoître la loi, » pour la faire exécuter : c'est la première condition, » le premier moyen de son exécution. »

Je la trouve encore, cette preuve, dans la formule même de promulgation déja adoptée par le Gouvernement, et qui est ainsi conçue : « Soit la présente loi » revêtue du sceau de l'Etat, etc. »

Elle est donc loi avant même d'être publiée, comme elle est publique et réputée connue par le seul fait de la promulgation, combiné avec le délai nécessaire pour que la connoissance puisse en parvenir à tous les citoyens.

Et en effet, Tribuns, à quoi se réduit la fonction du premier magistrat de la République, lorsqu'après avoir coopéré à l'émission de la loi comme partie intégrante du pouvoir législatif, il la promulgue ensuite comme pouvoir exécutif? le voici : Il s'interpose, en quelque sorte, entre la puissance législative et le peuple, entre les représentans qui l'exercent et le souverain de qui elle émane, et *lui dit* : « Vous avez délégué à vos » commettans le pouvoir de décréter la loi ; vous avez » tracé vous-même les formes dans lesquelles elle de- » voit être émise ; toutes ces formes ont été remplies » dans celle que je promulgue ; vous en avez pour » garant et ma signature et l'empreinte du sceau de » l'Etat ; vous serez donc tenu d'y obéir aussitôt qu'elle

» vous sera connue, et que le moment sera venu de
» la mettre à exécution. »

Voilà bien, je crois, ce qui se pratique et ce qui doit se pratiquer sous le régime de la constitution de l'an 8.

Or, je le demande, citoyens Tribuns, une telle promulgation n'est-elle pas la publication voulue par la constitution ? n'est-elle pas une manifestation de la loi aussi marquante et aussi solennelle qu'elle doit l'être, pour lui donner tout le degré de publicité dont elle est susceptible ? n'a-t-elle pas un caractère assez majestueux, assez imposant par elle-même, pour qu'elle doive tout opérer, sans l'appui des formes auxiliaires ou superflues dont on voudroit l'environner, et qui ne pourroient avoir d'autre effet que d'en diminuer l'ascendant, et d'en compromettre la dignité ? Enfin, mes collègues, ne vous semble-t-il pas, d'après le rapprochement que je viens de faire, qu'il doit exister une aussi énorme différence, un contraste aussi frappant entre l'ancien et le nouveau mode de publication, qu'il en existe entre l'odieux Gouvernement qui n'est plus et le Gouvernement juste qui lui a succédé, entre les formes monarchiques et les formes républicaines !

Etablir une parité entre ces deux ordres de choses, et approprier à l'un ce qui ne peut convenir qu'à l'autre, c'est donc réunir les élémens les plus incohérens, et les plus disparates ; c'est méconnoître à la fois et violer la nouvelle hiérarchie des pouvoirs ; c'est, en un mot, emprunter d'un regime proscrit une forme abusive, pour l'introduire dans un régime nouveau, auquel elle ne peut ni ne doit s'adapter.

Et comment seroit-il possible que le nouveau mode de promulgation ne fût pas suffisant pour répandre par-tout, dans un temps donné, la connoissance de la loi? et que pourroit, je le répète, y ajouter de plus la publication matérielle qu'on réclame, comme complément nécessaire de la promulgation? A la bonne heure, si la loi étoit, comme autrefois, secrètement proposée, secrètement émise, secrètement adressée aux autorités, et qu'elles eussent le droit d'en discuter le mérite, d'en arrêter les effets ou d'en suspendre l'exécution: alors sans doute cette publication seroit tellement nécessaire, tellement indispensable, qu'il ne pourroit y avoir de véritable promulgation sans elle, puisqu'elle-même devroit, en ce cas, la suppléer, et en tenir lieu.

Mais, sous l'empire de notre constitution, il n'y a rien de mystérieux, rien de secret, rien de caché dans l'émission de la loi. Tout est public, solemnel, éclatant, soit dans sa présentation par le Gouvernement, soit dans sa discussion au Tribunat, soit dans son adoption par le Corps législatif.

Ce n'est pas tout; un grand nombre de citoyens assistent aux séances de ces deux premières autorités, et sont, pour ainsi dire, autant d'échos qui répètent et propagent au loin ce qu'ils ont vu et entendu.

Il y a plus encore : les journalistes, présens à ces mêmes séances, et attentifs à tout ce qui s'y fait, sont, si je peux m'exprimer ainsi, autant de témoins nécessaires, autant de messagers vigilans qui le recueillent et le transmettent du centre à toutes les extrémités du territoire; en sorte que leurs feuilles sont, pour ainsi dire, de vrais bulletins particuliers que tout le monde peut consulter au besoin, vu qu'il n'est pas de bourg, de village, de hameau où elles ne pénètrent, et où le maire, le juge-de-paix ou tout autre citoyen ne soit instruit et ne puisse instruire ses voisins de ce qui s'opère chaque jour dans l'ordre civil et politique.

Je sais bien que la connoissance qu'on peut se procurer par cette voie n'est pas officielle; mais le Gouvernement est-il tenu de faire notifier la loi à chaque citoyen? sa seule obligation ne consiste-t-elle pas à employer le meilleur moyen de la faire parvenir promptement, et à éviter tout ce qui pourroit en dérober ou en retarder la connoissance? Or ce moyen ne consiste-t-il pas dans l'envoi de la loi aux autorités administratives et judiciaires? La loi leur sera donc envoyée; et comment, sans cela, pourroit-elle être exécutée? Comment les juges pourroient-ils l'appliquer?

Dans de pareilles circonstances, et avec tant de moyens de répandre la connoissance de la loi, est-il présumable qu'elle puisse être ignorée d'aucun de ceux qui auront ou le désir, ou le devoir, ou le besoin de la connoître?

Quant à moi, je l'avoue de bonne foi, je ne saurois me le persuader; et dussé-je encourir le reproche de me trop confier à *l'authenticité des gazettes*, s'il est ici une présomption à admettre, j'admettrois bien plutôt *l'impossibilité de l'ignorer*, que *l'impossibilité de la connoître.*

Ainsi donc, non seulement on ne peut pas dire, comme le rapporteur de votre commission, que la *connoissance présumée* qui résulte de la promulgation, est *la connoissance impossible*; mais on ne pourra, au contraire, s'empêcher de convenir, si l'on réfléchit à tout ce que je viens de dire, que tous les caractères de publicité qui précèdent, accompagnent et suivent l'émission de la loi, sont si ouverts, si saillans, si multipliés, qu'il est presqu'impossible que la loi ne soit aujourd'hui *connue, avant même d'être promulguée.*

Comment ne le seroit-elle donc pas, lorsqu'à cette connoissance accidentelle ( que donnent les délibérations du Tribunat et du Corps législatif, rendues publiques, et transmises par les journaux ), peut toujours se joindre la connoissance pleine, entière et officielle qui résulte de la promulgation ?

Ici, citoyens Tribuns, j'aurois desiré pouvoir m'élever à des considérations d'un ordre supérieur, et il ne m'eût pas été difficile d'en faire sortir de nouveaux et de plus puissans motifs d'adoption : mais le temps qui nous presse ne m'a pas permis de m'y livrer; je les abandonne donc à votre sagacité, et je suis certain qu'elle suppléera amplement à tout ce que je suis forcé d'omettre.

J'aurois desiré encore pouvoir réfuter quelques-unes des objections les plus graves des derniers préopinans; mais, outre que cette tâche m'auroit mené trop loin, j'eusse peut-être compromis la grande cause que j'aurois voulu défendre. J'ai donc cru qu'il étoit plus sage de vous laisser le soin de les apprécier.

Cependant qu'il me soit permis, citoyens Tribuns, en terminant cette partie de ma discussion, de vous présenter une observation bien tranchante et bien décisive ; cette observation, la voici :

C'est qu'en substituant, au mode constitutionnel de publication, un mode puisé dans les formes monarchiques où étrangères au régime actuel, vous donneriez par cela seul à des autorités, subordonnées au pouvoir exécutif, une sorte de coopération à l'acte de promulgation qui ne doit émaner que du chef de ce pouvoir ; que vous les feriez, en quelque manière, participer à cet acte suprême, qui pourtant n'est susceptible ni de partage, ni d'extension, ni de modification ; à cet acte enfin qui ne peut être placé sous aucune autre dépendance que sous celle de la constitution, qui en a réglé l'usage et qui l'a exclusivement attribué au premier Consul.

Or, ne seroit-il pas à craindre que ces autorités que vous auriez nécessairement associées à l'exercice d'une telle prérogative, en leur accordant le droit exclusif de publication, ne seroit-il pas à craindre, dis-je, qu'elles ne finissent par se croire autorisées, dans des temps de crise, à arrêter, à suspendre ou à retarder l'exécution des lois, puisqu'il leur seroit déja prouvé qu'elles ne peuvent être publiées sans leur attache ou leur participation ?

Je pense bien assurément et j'espère même que cela n'arrivera pas; mais quand il s'agit d'une matière aussi grave et qu'on stipule pour les siècles à venir, il est sage de tout prévoir et de tout régler d'avance.

Maintenant, je le demande, pourroit-on redouter, en évitant un excès, de tomber dans l'excès contraire? Seroit-on fondé à craindre que le Pouvoir exécutif, qui ne sera pas toujours dans les mêmes mains, n'abusât de sa prérogative, soit en refusant, ou en différant de promulguer les lois, soit en en arrêtant ou suspendant l'exécution, et cela sous prétexte qu'on lui aurait reconnu le droit exclusif de les publier?

Mais, en premier lieu, n'est-ce pas le Gouvernement qui propose les lois, et dès qu'elles sont adoptées, et que le délai constitutionnel est écoulé, n'est-il pas de son intérêt, comme de son devoir, de les promulguer et d'en procurer la plus prompte exécution?

En second lieu, la constitution ne nous fournit-elle pas une assez forte garantie contre l'abus qu'il pourroit faire de son pouvoir, puisque, si l'article 41 lui attribue exclusivement l'acte de promulgation, l'article 37 lui enjoint expressément d'en faire usage le dixième jour après l'émission de la loi ?

Peut-être m'objectera-t-on que la constitution nous fournit aussi la même garantie contre les Autorités administratives et judiciaires, puisque le chef du Pouvoir exécutif peut révoquer les préfets, et faire poursuivre les juges en crime de forfaiture.

Je répondrai que puisque nous sommes placés entre deux écueils, dont il faut également se préserver, le meilleur moyen de les éviter tous deux, c'est de marcher d'un pas ferme sur la ligne tracée par la constitution, et de ne se porter ni en-deçà, ni au-delà ; qu'ainsi il faut s'en tenir au mode de publication qu'elle consacre et qu'elle fait résulter de la promulgation elle-même.

Mais je ne m'apperçois pas, citoyens Tribuns, que j'abuse trop long-temps de votre attention, et que je devrois d'autant moins m'appesantir sur l'objet que je viens de traiter, que vous êtes, si je ne me trompe, presque tous frappés, comme moi, de l'utilité, de la justice, de la constitutionnalité, et sur tout de l'urgence de la loi qu'on vous propose. Je pourrois donc me dispenser d'insister encore sur ce point, qui me semble déja trop éclairci, pour qu'il ne soit pas superflu de l'éclaircir encore.

Cependant qu'il me soit permis de présenter, en peu de mots, quelques réflexions qui auront le double avantage, et de frapper sur quelques-unes des critiques dirigées contre le projet, et de repousser quelques objections.

Tous ceux qui ont combattu le projet de loi lui reprochent d'être minutieux, incohérent, mal ordonné, mal rédigé, et enfin de n'être pas à sa véritable place, à la tête du code civil.

Je réponds à ce prèmier reproche qu'il est desirable sans doute que l'ordre, la méthode, la précision, l'élégance même distinguent nos nouvelles lois de ces recueils gothiques d'ordonnances et de coutumes barbares et inintelligibles ; que cela seroit même nécessaire en quelque sorte, soit pour leur attirer le respect et la considération dont elles doivent être environnées, soit encore pour les parer de toutes les beautés et de tous les charmes du langage, afin de les rendre en tout dignes de leur noble destination. Mais il ne faut pas non plus porter jusqu'à l'excès ce desir, d'ailleurs si louable, vu que trop de recherche, de symétrie et d'affectation dans le style, pourroit aussi leur ôter quelque chose de la noblesse et de la gravité qui doivent les caractériser.

Que les lois soient claires, précises, et, si j'ose le dire, familières, pour se rendre intelligibles.

Qu'il n'y ait rien de louche, d'équivoque ou d'insidieux ( ce qui les transformeroit en autant de piéges, en les rendant susceptibles de plusieurs interprétations); et non seulement nous pourrons, mais nous devrons même sacrifier leur agrément à leur utilité.

Or, il est aisé de s'apercevoir que le projet qu'on nous a présenté n'offre dans sa contexture aucune de ces graves imperfections ; qu'il ne blesse d'ailleurs ni la morale, ni l'équité, ni la justice, ni l'acte constitutionnel, comme l'ont démontré tous les orateurs qui m'ont précédé à cette tribune ; qu'ainsi il est de la sagesse du Tribunat de faire taire ses scrupules sur des incohérences, et des défauts de rédaction, qui, s'ils existoient dans le projet, ne pourroient, en aucune manière, vicier le fond de ses dispositions.

Le Tribunat s'empressera donc de voter l'adoption

d'une loi que réclament toutes les autres lois, et qui, pouvant s'appliquer à tous les codes en général et à chacun d'eux en particulier, ne sauroit aucunement être déplacée à la tête du code civil.

Au reste, cette détermination est d'autant plus juste et plus nécessaire, qu'elle nous est impérieusement commandée par les circonstances où nous nous trouvons.

En effet, citoyens Tribuns, vous ne l'ignorez pas, tous les besoins nous assiègent ; presque toutes les ressources nous manquent, et le malaise est devenu général. Le peuple, lassé par douze années de combats et de dissentions, a soif de la justice. Cette justice, qui est la dette du Gouvernement, celle du Corps législatif et la nôtre ; cette justice ne peut lui être rendue sans de bonnes lois, et la plupart de celles que nous avons sont mauvaises. Hâtons-nous donc de les réformer. Et puisque cette réforme est commencée, puisque l'ouvrage est déja avancé, puisqu'il n'y a aucun inconvénient majeur qui doive arrêter notre marche, et qu'il sera d'ailleurs si facile de faire disparoître les défauts, les imperfections et les vices même qui s'y seroient glissés ; puisqu'enfin le plan de classification du code a déja indiqué que celle des articles se feroit par série de *numéros*, et qu'ainsi il ne faudra qu'une nouvelle loi de classification pour réunir ou disjoindre leurs diverses dispositions, pour les rapprocher, les séparer ou les transposer ; en un mot, pour tout coordonner et tout mettre en place, hâtons-nous donc encore une fois, citoyens de Tribuns, de favoriser l'émission de ce code si impatiemment attendu, et n'ayons pas à nous reprocher d'avoir retardé d'un seul moment la jouissance de ce bienfait.

En vain nous diroit-on que les articles du projet ne

sont pas des articles de loi, que ce ne sont que des principes de morale, des règles de droit, des axiomes de jurisprudence; qu'il faut faire la part de la science et celle de la législation; que les définitions sont du ressort du savant et non du législateur; qu'enfin le projet, ou pris dans son ensemble, ou considéré dans ses détails, ne peut orner le frontispice du code; qu'il y est absolument déplacé, que ses divers articles y sont déplacés comme lui; qu'ils sont mal ordonnés entre eux, et qu'il faut tous les rejeter pour les mettre à leur véritable place.

Je pourrois répondre aux adversaires du projet, qui se montrent si passionnés pour la saine méthode, le bon ordre et la belle harmonie : « Si vous trouvez tout déplacé à la tête du code, au point d'en exclure les principes même du droit, de la morale et de la jurisprudence, qu'y placerez-vous donc, et quelles règles, quelles maximes, quelles volontés vous paroîtront dignes d'y figurer? Vous ne trouvez rien de bon, rien de passable dans le projet qui nous est présenté; vous critiquez toutes ses dispositions : sans doute *la critique est aisée....* mais avez-vous encore rien indiqué qu'on puisse substituer au projet que vous repoussez?

Vous voulez juger d'avance ce que sera le code qu'on nous prépare, ce qu'il doit être, ce qui lui est propre ou étranger, ce qui lui convient ou ne lui convient pas ; mais vous ne pouvez connoître encore tous les élémens dont il se compose. La seule chose qui vous soit connue, c'est le plan de distribution, la division des matières, l'intitulé des livres, des titres et des chapitres ; mais vous ignorez tous les dispositions de détail.

Vous ne pouvez savoir si tel article du projet de loi, que vous trouvez hors de place, ne se coordonne pas intimement avec tel autre article d'un autre projet qui ne vous a point encore été soumis.

Vous ne pouvez savoir si tel autre, que vous trouvez incohérent, n'est pas en rapport direct et nécessaire avec quelqu'un de ceux qui vous seront bientôt présentés.

Vous ignorez si tous ne sont pas liés par la grande chaîne qui embrasse à la fois l'ensemble et les détails.

Enfin, vous ignor z si ce que vous blâmez aujourd'hui comme incohérent, confus et mal ordonné, vous ne serez pas, demain, forcés de l'admirer comme un chef-d'œuvre de clarté, de régularité et de classification.

Mais je leur ferai une tout autre réponse; elle est courte, mais elle est énergique :

*Incivile est nisi totá lege perspectá pronunciare.*

Je me résume.

La constitution confère exclusivement au Premier Consul le droit de promulguer les lois : or, promulguer les lois, dans notre ordre de choses, c'est les publier ; donc la publication des lois ne s'opère que par la promulgation, et elles ne sont toutes deux qu'une seule et même chose.

Si la promulgation ne pouvoit opérer son effet que par la publication matérielle et locale, il s'ensuivroit que le premier magistrat de la République seroit en quelque sorte dans la dépendance des autorités mêmes qu'il est chargé de diriger et de surveiller, et qu'il entreroit avec elles en partage de sa suprême prérogative ; ce qui seroit le comble du ridicule et de l'absurdité.

La loi a tous ces caractères avant même d'être promulguée ; et la promulgation suffit à sa publication. si l'on accorde un délai suffisant pour que la loi puisse être connue au moment où elle doit être exécutée, Or, l'article premier du projet de loi remplit cet objet en « fixant un temps progressif, dans lequel la con» noissance de la loi peut successivement parvenir aux » citoyens de tous les départemens. »

Ce délai ( rapproché de l'article 37 de la constitution et de la délibération du Conseil d'Etat, du 5 pluviose an 8, sur la date des lois ) détermine et précise, de la manière la plus fixe et la plus invariable, le moment indivisible où la loi pourra être connue, et celui où elle devra être exécutée dans chacun des divers tribunaux d'appel de la République. Ce délai, calculé en raison des distances, est infiniment plus avantageux et plus conforme à la dignité de la loi ( dont l'exécution ne peut être ni suspendue ni retardée ) que celle d'un délai uniforme, dont la fixation dépendroit du caprice ou de la négligence des administrateurs et des juges. Sans doute, ce mode, quoique le meilleur, peut avoir ses inconvéniens; mais la sagesse du Gouvernement saura les prévenir ou y remédier.

Il n'y a pas de mode de publication qui puisse donner à tous les citoyens une connoissance individuelle de la loi ; donc il faut se contenter *de la présomption morale qu'elle a pu être connue.* Cette présomption, admise dans tous les régimes, acquiert dans le notre d'autant plus de force et d'ascendant que tout est public, éclatant et notoire dans l'émission de la loi ; qu'ainsi elle peut être connue avant même d'être promulguée. La publication matérielle ne pourroit donc rien ajouter à la manifestation résultante de la promulgation, qui seule donne à la loi le sceau de la publicité : elle seroit d'ailleurs infiniment dangereuse en ce qu'elle tendroit à faire participer les autorités subalternes à l'exercice d'une prérogative dont elles pourroient étrangement abuser.

Tous les orateurs qui ont parlé en faveur du projet, ont démontré que ses diverses dispositions étoient bonnes, justes, sages, utiles et constitutionnelles : donc, quand il offriroit quelques légères imperfections, elles ne suffiroient pas pour en fonder le rejet, puisqu'elles pourroient aisément être réparées.

Les besoins du peuple sont pressans ; il a trop attendu la réforme de ses lois pour qu'il puisse l'attendre encore. Il lui faut absolument un code digne de lui, de sa grandeur et de sa gloire.

Donc le projet qui nous est soumis et qui est destiné à en être le frontispice, doit être adopté avec empressement.

En terminant, citoyens collègues, je ne peux m'empêcher de former un souhait, qui est aussi le vôtre.

Puisse ce nouveau code, qu'appeloient tous les vœux et tous les besoins, répondre dignement, soit aux vues libérales de celui qui, le premier, a pu les remplir, soit à l'opinion qu'en ont déja donnée, et la célébrité des jurisconsultes à qui la rédaction en a été confiée, et les lumières des magistrats qui l'ont enrichi de leurs observations, et l'infatigable activité du Gouvernement à recueillir et à coordonner tous les matériaux de ce grand édifice ! Puisse-t-il asseoir le bonheur du peuple français sur les solides bases de la morale, de l'équité, de la justice, de la liberté civile et de cet esprit de bienveillance universelle, qui est le lien commun des individus et des peuples ! Puisse-t-il enfin , ainsi que l'a, en quelque sorte , présagé l'orateur du Conseil d'Etat , *captiver le respect des nations par la sagesse de nos lois*, comme nous l'avons déja conquis par la puissance de nos armes !

Je vote l'adoption du projet.

# A PARIS, DE L'IMPRIMERIE NATIONALE.
Frimaire au 10.

9 782013 597760